マティルデ・マルケージ著
歌唱法の理論と練習

ベルカント唱法の基礎

作品31

初心者のための実践的知識

第1部
声をよくするための初級および中級の練習

第2部
母音唱法形式による初級練習の展開

矢沢千宜監修
今田理枝訳

シンフォニア

Mathilde Marchesi
Theoretical and Practical
VOCAL METHOD
Op.31
London 1896

目　次

- 著者まえがき……………………………………………………… 7
- 初心者のための実践的基礎知識
  - 歌手の姿勢……………………………………………………… 9
  - 口………………………………………………………………… 9
  - 呼吸……………………………………………………………… 10
  - アタック………………………………………………………… 10
  - 女性の声の声区………………………………………………… 11
  - 勉強法…………………………………………………………… 15
  - 分析……………………………………………………………… 15
  - 様式……………………………………………………………… 18
- 第1部　声をよくするための初級および中級の練習
  - 発声……………………………………………………………… 19
  - 半音のスラー…………………………………………………… 20
  - 全音のスラー…………………………………………………… 21
  - ポルタメント…………………………………………………… 22
  - 音階……………………………………………………………… 24
  - 声区の融合のための練習……………………………………… 29
  - 2音の練習……………………………………………………… 42
  - 3音の練習……………………………………………………… 42
  - 4音の練習……………………………………………………… 43
  - 6音の練習……………………………………………………… 44
  - 8音の練習……………………………………………………… 46
  - 半音階…………………………………………………………… 48
  - 短音階…………………………………………………………… 50
  - 柔軟性をつけるための練習…………………………………… 50
  - いろいろな音階………………………………………………… 51
  - 反復音…………………………………………………………… 52
  - 3連音…………………………………………………………… 52
  - アルペッジョ…………………………………………………… 55
  - メッサ・ディ・ヴォーチェ…………………………………… 57
  - アッポジャトゥーラ…………………………………………… 58

アッチャカトゥーラ···58
　　モルデント···58
　　ターン··59
　　シェイク···60
　　シェイクの練習法··60
　　シェイクの音階···60
　　3音のシェイク··61
　　3音のシェイクの練習···61

第2部　母音唱法形式による練習の展開
　　アタック···63
　　ポルタメント··64
　　ソステヌート··71
　　全音階··74
　　付点長音階··92
　　短音階··96
　　短音階と長音階の交代···98
　　半音階··104
　　反復音··108
　　3連音···110
　　アルペッジョ··112
　　アッポジャトゥーラとアッチャカトゥーラ·································114
　　モルデントとターン···116
　　シンコペーション··118
　　長い音程···120
　　スタッカート，メッゾ・スタッカート，強調音·····························121
　　シェイク···122

訳者あとがき··127

序文

　本書は教育を目的としたもので，歌唱法の初歩すなわち基本的な練習から始まり，発声器官を作り上げるための初級から中級および上級までの一連の母音唱法の曲をも含んでいる。

　私がこれまでに出版してきたいろいろな著作の序文で主張してきた原則をここでもう一度まとめておこう。その原則とは，満足な結果を早く得るためには，生徒達に一度に一つ以上の課題を与えないこと，無理をさせないように段階的に提示しながらハードルが乗り越えられるよう生徒を援助することである。私は，こういう点を念頭に置き，個々の問題を解決するために特別な練習と母音唱法の曲を書いた。

　重要なことは，歌唱法の感性に関する部分に進む前に，発声器官があらゆるリズムおよび音形を歌うことができるように訓練されなければならないということである。

　私は本書をこの種の一連の著作の最後のものと考えているが，私の方式による過去42年間の経験から得た重要な成果が付け加えられることになれば幸である。

初心者のための実践的基礎知識

歌手の姿勢

　歌う時の生徒の姿勢は，できるだけ自然でゆったりしていなければならない。まっすぐに立ち，頭は高く保ち，肩は力をいれずに後ろに引き，胸は楽にしておく。歌っている間，発声器官の働きが完全に自由になるように，この部分を取り巻くすべての筋肉から完全に力が抜けていなければならない。

口

　発声気管は唇まで達しているので，口の形がよくないと声の美しさが損なわれるおそれがある。

　例えば，古今の多くの先生が推奨している微笑む口の形は理にかなっていないし，音響学の法則にも全く反している。微笑む形にすると，口はイタリー語の母音Ｅ（エ）を発音する形になる。この母音は発声気管をこわばらせ，声の響きをうるおいのないものにしてしまう。この音のことをイタリ人はヴォーチェ・ズガンゲラート voce sgangherata，フランス人はヴォワ・ブランシュ voix blanche と言う。したがって，口はア（あまり広すぎない）と発音する時のように顎を下げて自然に開ける。そして，音が続く間ずっとこの形を変えないようにする。

　口を開ける時には，下顎だけが動き，上顎は動かない；したがって，口から下の部分を下げる必要がある。顎の筋肉は大きな収縮力（咀嚼するのに不可欠である）を持ち，初めのうちは声の出ている間リラックスした状態は続かない。しかし，練習すると，最後にはその筋肉に必要な柔軟性がつく。柔軟性が一度ついてしまうと，歌っている時に顎は子音をはっきり速く発音することができるようになる。

呼吸

　呼吸は吸気と呼気から成る。息を吸う時には，空気は声門，気管，気管支を通って肺に入る。息を吐く時には，空気は同じ経路を通って吐き出される。

　普通の状態では，この二つの動きは規則的かつ周期的に，そして寝ている時のように無意識のうちに交互に続いている。したがって，これらの機能を容易にしコントロールするための動きをあらかじめ意識的にすることは，致命的な障害となる。そうすると，発声器官とそれをコントロールする筋肉の正常な動きが妨げられるからである。肋骨の外向きの動きに加えて，胸は息を吸う時に（骨で作られた円錐状の胸腔が少し平らになって）底部と頂点と側面を広げることができる。呼吸には三つの種類がある：

　　　横隔膜呼吸（腹式呼吸）
　　　鎖骨呼吸
　　　側腹呼吸（肋間筋呼吸）

　肺はスポンジのような柔軟性のある組織——空気を受け入れる何千という小さい管がいたる所に通っている——から成り，中空で，底部が最も大きく，横隔膜と呼ばれる筋肉質の，上側にふくらみをもつ仕切り——肺はその上にのっている——によって腹腔と分けられている。息を吸うとこの仕切は下がり，肺の底部を膨張させる。

　通常の呼吸，つまり健康人の自然の呼吸は，横隔膜呼吸（腹式呼吸）である。この呼吸法によって肺は底部が拡げられ，その結果，最大限の量の空気が受け入れられる。その他の方法——よくない方法——では，肺の一部しか空気が満たされない。そのため，何度も呼吸する必要が生じ，一回の呼吸では長いフレーズを歌うことができなくなる。

　女性がコルセットをつけると，側腹呼吸になる。コルセットによって腹壁が締めつけられるからである。したがって，歌手を志す女性には，腰の自由を奪って肺の底部の膨張を妨げるような衣服を着ないよう強く忠告しておきたい。

アタック

　肺に空気が満たされた後，声を出すために必要なことは，声門を密閉することである。そうすると，声門の縁，いわゆる声帯が息を吐く時に急激に通過する空気によって振動状態におかれる。したがって，アタックに必要なのは，呼気が始まる直前に声門が急激に接近することである。

アタック，つまり発声状態を作るこういう連動した働きは，母音を出すために声門と口の準備をすることから始まる。前述の通り，声をよりよく作り出す最善の母音はイタリー語のＡ（ア）で，その音を自然に，力も感情も込めずに出す。

　アタックは発声器官の自然な働きであり，生まれた時に産声を発して以来発達してきたこの無意識的な働きを思い通りにコントロールしさえすればよいということを理解しておかなければならない。実は，こういう生来の能力を持っているからこそ，我々が話す時にすべての母音を意識せずに出すことができるのである。

　次に，声門を閉じることは自然で無意識的な，連動した動きである。しかし，話す時には，この動きは意識的にする。声門の両側の声帯の縁を開いた後に，同じ速さで収縮させる。声帯の縁が合わさったら，声帯を収縮したままにしておくだけでよい。つまり，アタックと同時に発声器官の柔軟性を強化する――練習すれば日に日に増していく――ために先生が適切と考える間，声門を収縮したままにしておく練習をすることが必要である。繰り返し言うが，よいアタックをするためには，声門は呼気が始まる直前に閉鎖されなければならない。換言すれば，声門が準備をしなければならないのである。

　肺から出てくる空気柱が声門の開いていることを感じとり，通り道に妨害するものがないために何も振動しなければ，無声状態になる。息を吐いている間，声帯の縁が充分に収縮できず，空気が肺から出始める瞬間に声帯全体が確実に平均して閉じない場合には，声は弱く，かすれ，音程が不安定になる。声帯が全体的に振動せず，振動が時間的に等間隔になり得ないからである。その上，空気が一気に漏れて，肺が急に空になるので，声が長く続かず，呼吸が短く不安定になり，空気を度々新たに補給しなければならなくなるからである。

　要するに，声帯の縁を確実にそして完全に接近させればさせるほど，肺から出る空気にかかる抵抗は大きくなり，声帯を振動させるのに必要な空気は少なくなる。息の吐き方が遅くなればなるほど，声は長く持続する。振動体に対する空気圧が均等に持続すれば，均等な振動が生まれ，声は続いている間ずっと均質性を保持することができる。

女性の声の声区

　声の声区は女性の声の形成と発達の最も重要な要素であり，古今を問わずあらゆる歌唱法の出発点である。本書は特に生徒のための実践的な指導書であるので，この重要な問題をここで詳細に扱うことはできない。本質的に異なる性質を持つ三つの声区から一貫した同質の声の連なりを生む有

機的な現象を明確に理解するために必要な解剖学，生理学，音響学については，解剖学の図版や人間の喉頭の模型の助けを借りて生徒に言葉で説明し，証明しよう。

　しかし，発声に重要なこの問題に関して実践的な説明をするには，三つの声区の存在を認める理論を生徒に理解させるための発声に関する簡単な知識がまず必要である。さらに，一つの声区に属するすべての声は同じ性格を持っており，それらの声の切迫感や質感を変えることは，さほど本質的なことではないことも理解させておく必要があろう。

　色が光の属性であるように，音は空気の属性である。なぜなら，空気がなければ音は存在し得ないが，それは光がなければ色がないのと同じである。今日では，こういう重要な自然現象の直接の原因はよく知られているが，こういう原因の根底にある原理はまだ明らかになっているわけではない。振動によって空気を震わせ，音の性格や色のニュアンスを決定するための身体内外の特別な組織が存在することははっきりしている。

　音を作るのに必要なものは三つある。すなわち，動力器官，振動器官，共鳴器官で作動する。動力器官は振動体に対して空気柱を送り込むか，または振動体と直接摩擦することによって作動する。振動器官は動力器官によって動かされ，一定時間内に一定数の規則的または不規則的な振動をおこす。最後に，共鳴器官（その機能から協力器官と呼ぶ方が正しいであろう）は振動体から発して響く空気柱を受け入れ，反響組織が固有の性格を音に浸みこませる。音を作るために欠くことのできないこれら三つの重要な要素は，すべての管楽器，弦楽器，打楽器に見られる。それゆえ，それらが発声器官にも存在することを認めることは極めて理にかなっている。

　よく調べてみると，これらすべての楽器の音には音域全体を通して同じ性質があり，人間の声の場合に見られるような急激な音質の変化がないことがわかる。音を発生させる三つ要素が，楽器の場合にはその形状とサイズだけでなく，機能においても変わり得ないからである。

　発声器官についての三つの要素を調べると，動力器官（肺およびその関連部分）には生理学的または病理学的状態に相応した大小の働き，力と柔軟性があるが，その機能の性質は決して変化せず，有機的形態も変わらないことがわかる。振動器官（声門）は普通の状態では緊張と収縮の無数の程度を感じとることができるが，その機能に変化はあり得ない。事実，声門は，息を吐く場合に空気によってひきおこされる衝撃力に相応した声帯の振動数の増減によって音の強さを大きくしたり小さくしたりすることができる。そして，共鳴気管の形状を変化させると共に声帯を短くしたり長くしたりすることによって声を高くしたり低くしたりすることもできる。しかし，声区が移る際にも異なる声質を生み出すための振動の機能的な変化は全く見られない。それ故，ある声区から他の声区へ移る時に現われる現象の秘密が発声器官の共鳴器官の中にあることは明白である。形状を変化させて振動器官（声門）から出る空気柱を三つの共鳴壁へ向けるのが喉頭である。

各声区はそれぞれ他の声区とは本質的に異なる種類の連続した同質の声の連なりから成り立っているので，発声器官は三つのまったく別個の共鳴器官を持たなければならい。これら三つの共鳴器官は異なる有機的組織からできていて，特別の生理学的特性によって各声区内に含まれる音のグループに固有の性格を与える。

　私の永年にわたる成功例から確信していることであるが，声楽の先生には科学的知識が必要不可欠である。なぜなら，先生は科学的知識によってこそ，発声器官を自然で合理的な方法で一層確実にコントロールし，また欠点の原因を示して難しい声を訓練し，生徒の一人一人が持つ多くの発声の欠点——悪い癖や訓練の結果である——を直すことができるからである。

　もし人間の声についての解剖学や生理学の基礎的知識を教えておかないと，生徒は発声器官の生理的現象を理解することができない。それ故，生徒は歌手の仕事をしている間に少なくとも声のコントロール法や維持法を教えてもらい，声の生理学の重要性に反対する者が歌唱法を論ずる時に絶えず使う喉頭，声門，声帯などという言葉の正確な意味を理解しておかなければならない。

　私が最も強調したいのは，女性の声には三つの声区（二つではない）があるということである。そして，生徒は，レッスンを数回もすれば経験から学ぶことができるこの否定すべからざる事実を決して忘れないでほしいと思う。

　女性の声の三つの声区は胸声，中声，頭声である。私は中声という言葉を用い，ファルセットFalsetto（歌の先生の中には中間の声区にこの言葉を用いる人もいる）という言葉は使わない。第1の理由は，中声という言葉が全声域の中でこの声区の占めている位置を的確に論理的に説明しているからであり，第2の理由は，男性の声にだけ属するファルセットという言葉によってひきおこされる混乱が避けられるからである。「偽のFalso」（「真実の」の反対）を意味するファルセットという言葉は，テナー声部の高音部においてある程度ピアノPの効果を示すために声楽の歴史の最も初期の段階からイタリーで用いられてきたものなのである。

　経験主義は——現代の教育学の全ての原理に対してだけではなく，声の現象に関連する全ての科学によって成し遂げられた不断の進歩に対しても以前にもまして論争を挑んでいるように見えるが——女性の声には二つの声区，即ち胸声とファルセットだけしかないという主張を他の馬鹿げた意見と一緒に広めている。この大きな間違いは，今日の優れた何人かの生理学者によっても支持されている。彼等は喉頭鏡で観察した結果この理論を確立したと信じ込んでいるが，自分自身の発声器官での比較，実験ができているわけではない。

　いずれにしても，女性の声に三つの声区があることはまず間違いない。しかし，各声区の音の独特の性質を定義し，それぞれの限界を決定し，三つの声区を融合して声域全体にわたって音の同質性を確立するためには，理論的，実践的な知識が必要となる。

残念ながら，この女性の声の三つの声区の限界とコントロールを知らないために練習がうまくいかない歌手が非常に多く，間違って使われている発声器官の欠点と問題点，そして一般に「ブレイク」と言われる弱くて異質な音のグループを持つ多くの不均質な声と悪戦苦闘している。こういう「ブレイク」は発声器官の間違ったコントロールから生まれた声なのである。

　勉強を始めた時には，声区の最低音部はたいてい下接声区の最高音部ほどの力がない。この現象については，私が理論的で実践的な説明を与えれば，生徒は発声器官の身体的構造に関連する困難な点——原因がわかればすぐに克服できるが——がそこにあることがすぐに判る。それ故，声域全体の不完全性を取り除くために必要な喉頭や声門の能力を高めるために考えられた練習をする場合，三つの声区の融合だけでなく，各声区に固有の幅全体にわたる音の均質性が必要であり，それは特に先生の能力，生徒の忍耐力とたゆまぬ努力，練習法によって達成されるのである。

　女性の声は，コントラルト，メッゾ・ソプラノ，ドラマティク・ソプラノ，ライト・ソプラノ（スフォガート）に分けられる。すべての女性の声の胸声区の最高音は ♪ の間で変化する。

　コントラルトとメッゾ・ソプラノは，一般的には多かれ少なかれ一層低い音にまで達する非常に広い幅の胸声区をもつ点でソプラノとは異なる。

　胸声区を中声区と均質化し融合させるためには，上行の際に胸声区の上限の2音において胸声の性格を次第に少なくし，下行の際には次第に多くしていかなければならない。このようにして二つの声区の融合が達成されるが，上行の際に胸声区の上限部の声を胸声の性格をそのままにしておくと，続く中声区の最低音部の形成が阻害され，最終的には声区間の融合が不可能になる。

　声区の限界を意識していないと，フル・ヴォイスで音階や長いフレーズを歌った場合に常に不安定な，弱い，音程の悪い一連の音が現われる。今日のピッチによれば，ほとんど全てのコントラルトとメッゾ・ソプラノの胸声の最高音は ♪ から，ソプラノの胸声の最高音は ♪ から変化する。

　喉頭が特異な形をしているために頭声がうまく出ないコントラルトがある。こうした胸声区と中声区だけの狭い声域の持主は非常にめずらしいが，オペラ歌手ではなく，コンサート・シンガーを志すべきだろう。

　すべての女性の声の中声区の上限は，一般には ♪ にあるとされるが，♪ を最高音と見なさなければならないだろう。

　普通の状況で話しをする時に頭声を用いることは非常にまれであるから，この声区の声は日常生活の中ではほとんど発達しない。歌の勉強を始める段階では，これらの音はアピールする力と音量の点で，中声区の最高音とは非常に対照的である。したがって，頭声区を鍛錬するには他の声区よ

りもはるかに時間がかかる。

　胸声区と中声区の移行と融合に関して与えたのと同じ教訓を，中声区と頭声区の間にもあてはめることができる。

勉強法

　声の訓練のために合理的で段階的なコースをとれば，発声器官の筋肉の収縮力だけでなく柔軟性も疲れることなく発達する。しかし，少しでも練習しすぎると疲れる。勉強を始める時には，一度にあまり長い時間歌い続けてははらない。初めのうち，練習は5分ないし10分以上続けてはならない。1日に3回か4回，充分間をおいて繰り返す。練習に専心する時間は一回に5分ずつ，30分まで徐々にのばしていく。良心的な先生はレッスンを30分以上続けさせるようなことはしないものである。

　度々起こることであるが，生徒がこういう教えを守らず，先生が決めた時間よりも長時間家で練習をすると，声の疲労という悲惨な結果が起こる。こういう場合には，発声器官の最も微妙で重要な部分である声帯がまっ先に損なわれ，練習を一時中断しなければならなくなる。勉強の中断は，初期の段階ではそれまでやってきた勉強をすべてやめればよいわけであるが，貴重な時間のほかに，それまでに発声器官の筋肉が獲得した成果も犠牲にすることになる。家で練習する時には常に発声から始め，先生が決めた順序で練習を続けること，声域と声の均質性を鍛錬し，声区をうまく融合させるために音階をフル・ヴォイスで，しかし無理をせずに，そして叫び声をはりあげないで練習することが大切である。

分析

　声楽の勉強をする生徒でありながら，音楽のことをほとんど知らない者が多い。その結果，各小節の長さやリズムの構成，各音符がもつ音価の意味に全く注意を払わず，ただ耳だけを頼りに機械的に練習曲や音階を歌うことから始める。耳を頼りに歌う方法は極めて有害で，全く時間の浪費で

ある。その上，こういう勉強をしていると，同じパッセージをなん度も繰り返して練習せざるをえなくなり，上達の役にたつどころか発声器官を疲れさせるだけになる。したがって，最初のレッスンの時から，歌い始める前に練習曲などを分析し，よく考えて準備する習慣をつける必要がある。生徒は課題の正しい目的を把握することによってのみ，自分達の勉強を指導してプロへの道へ導こうとする先生の意図を理解することができるのである。

生徒がこういう分析の方法を初めから用いていれば，男女を問わず，プロの活動においてのみならず勉強の各段階においても，新しい課題を勉強しなければならない時に非常に役に立つ。私のメソードの第2部（母音唱法形式による練習の発展）に移る時の新たな困難——いろいろな種類の拍子（2拍子，3拍子など）各種の転調，各小節に現われる複雑な音の構成，頻繁に変化するリズムのアクセント，絶えず起こる新しい音程の結合——に直面した時に，こういう分析が非常に有効であることが実感できるだろう。

拍子，各小節の音の構成，フレーズのアクセントの置き方がわかったら，フル・ヴォイスで歌い始めてもよい。イントネーションに注意を向けさえすればよいからである。そのようにすれば，疲れの出る前によい成果を得ることができる。

母音唱法の課程が終わったら，このメソードの第3部に移る。第3部は言葉を伴う母音唱法の他に，純粋に技術的な課題も含まれている。

序文で説明したが，一度に一つだけ課題を生徒に提示するのが私の方法である。そこで，私は言葉を伴った母音唱法のための曲を作った。発音を母音唱法と結び付けるため，つまり発声を害さず，発声の欠点をなおしながら言葉を明瞭に発音する習慣をつけるのが目的である。この練習は，アリアを歌い始める前，そして感情や表情のことをを考える前にしなければならない。そのために，私はイタリー語を選んだ。なぜなら，イタリア語はドイツ語の喉母音やフランス語の閉口母音と鼻母音がない——舌の根元で作られるドイツ語の一部の子音，フランス語によくある「口蓋垂を震わせて出す音」は勿論ない——唯一の言葉だからである。

生徒を教えていると，非常に多くの発音の欠点を経験するが，それを直すための法則を述べることは不可能である。先生の熟練と経験に頼るより他に方法はない。特殊な社会，悪い癖，異なる国々の地方都市で話される独特の方言などの結果であるが，発音の欠点は言語の違いによるだけでなく，同じ国の生徒の間でさえかなり存在するものである。

簡単な五つのイタリア語の母音 a, e, i, o, u を声質を変えずに発音すること；子音の間違った発音をそれぞれの音に適切な最善の方法によって矯正すること；よい発音の習慣をつけること——これがこのメソードの第3部の課題である。

訳注：本書に第3部はない。タイトル・ページにも第1部と第2部だけが表示されているにすぎない。

演説をする人，俳優，歌手は単語やフレーズのもつ情感，悲しい思いや楽しい気持ち表わすために口を閉じたり開いたりして母音を出している。閉音のEとO——人々はイタリア語として受け入れることをいとわないが——は，日常のイタリア語には本来存在しないものである。悲しみとか恐れ，喜びとか風刺を表わそうとする際に特別に選択され，用いられているのである。

　場面の状況を正確に伝えるために，表現しなければならない情感にしたがって言葉の母音を様々な口の開け方によって出す必要があるのである。言葉を歌い始める時に発音を損なう子音は，舌音の l, d, t, s, z, r, n, c, g, k, q, x である。なぜなら，舌の根元が喉頭に直接つながっているからである。舌音は声帯の緊張と振動の規則性の釣り合いを変える。なぜなら，舌の動きが喉頭を圧迫するからである。後の段階で子音を伴う練習をすれば，こういう圧迫はなくなる。

　生徒は第3部での勉強を歌唱法の純粋に技術的な部分だけに関するものと承知してほしい。表情や感情についてはそれから後に扱わなければならないからである。そうは言っても，実際にはそれぞれのメロディーは言葉の感じによって影響を受けるため，フレージングや様式に関する生徒の好みや気持ちを磨く段階にきているのである。

　私のメソードのこの部分を始めるに当たって，勉強を始めた時に使っていた分析の方法にしたがってきた生徒は，言葉を読み取り——最初は上記の方法で歌詞なしで読み——言葉を伴う母音唱法の曲を理解する能力はあるだろう。次に母音唱法の曲を歌い始める前になすべきことは，音符に音節を配置することである。

　発声器官が作ることのできる様々な程度の音量，表情，音質と音色だけでなく声の技術的機能を完全にマスターし，そして舌と唇の動きが完全にコントロールされていれば，各音節の明瞭な発音のために音の美しさを犠牲にしたり，音の美しさのためにはっきりした発音を犠牲にしたりすることなく，いかなる言葉でもすぐ歌うことができるはずである。

　声の形成から発音に至るまでの技術的な問題点がすべて克服されたら，生徒はレシタティーヴ付きのアリアの勉強に移り，声や音楽上の間違い，言葉や音節の発音上の欠陥にとらわれることなく，歌唱法の感性の分野に入ってもよい。生徒はもう感情や表情にだけ注意を向けさえすればよく，多種多様な声楽様式の知識を習得し始めることができる。

　アリアを勉強する時には，これまで用いてきた同じ分析法を常に駆使しなければならない。それ故，歌詞を読んで翻訳し，自分達が表現しなければならない役柄を理解するよう努め，同時に個々のアリアを歌う時にその人物の置かれた劇的状況を勉強することから始めなければならない。感情と表情の形式の発展にとって重要な心理を扱う段階では，生徒は勉強を進めていくためのあらゆる助言を先生にしてもらわなければならない。

声楽，朗唱，演技の勉強が終わり，歌手としての道で新しい仕事について学ぶよう求められた時には，歌い始める前に拍節，歌詞，役柄，劇の状況を分析するこの方法を勉強してあるために他の歌手より一層有利であることがわかるであろう。なぜなら，分析によって声と時間が節約され，新しい曲の心や役割を誰よりも早く理解できるからである。

様式

　声楽についてイタリー，フランス，ドイツの楽派や様式が話題にのぼることがよくある。私はこれら三ヶ国のいろいろな主要都市に永年住んだことがあるので自信をもって言えるのだが，各国に独特な，誰にも親しまれ，地方色豊かな国民歌曲は別にして，声楽の楽派は全世界にたった二つしかない。すなわち，最善の結果が得られる「よい楽派」と最悪の結果が得られる「わるい楽派」である。様式に関しても同じことが言える。したがって，ドイツ，イギリス，フランス，イタリーの声楽の楽派や様式について語るのはまったく意味がない。

　ヨーロッパ各国出身の男女の優れた歌手はたくさんいるが，彼らはローマ，ロンドン，セント・ペテルスブルグと同様にパリでも同じように熱狂的に受け入れられている．

　この実践的指導書を終えるに当たって，今日経験主義によって撒き散らされた深刻な害毒にもう一度生徒諸君の注意を喚起しておきたい。今日の声楽が華麗なパッセージや装飾を伴わない，レシタティーヴ風の長いフレーズからできているという理由から，発声器官を疲労させ，時間を無駄にしてまで歌手が発声器官の技術的機能を高める必要はないという点が論議されている。

　発声器官の疲労は練習によって生まれるが，それはまったく先生の能力と先生の言うことをすぐにきく生徒に原因がある。今日の声楽のレシタティーヴ風の長いフレーズの技術的必要性とは無関係であり，こうした主張は矛盾をはらんでいる。

　正しい呼吸法を学んだ歌手，合理的な方法で喉頭の働き，声門の働きと共鳴気管の柔軟性をのばして声区をきれいに融合し，声を均質化した——そうすれば，声，声量，表情のあらゆるニュアンスを発声器官が作ることができる——歌手は，自信をもって，そして疲れずに，楽に（誇張したり大声で叫んだりせずに）レシタティーヴ風の長い今日の曲を歌うことができることは間違いない。呼吸をうまくコントロールできない歌手，発声器官のコントロールができないために今日の曲のフレーズを誇張してゆがめてしまう歌手は，声をすぐ疲れさせてしまう。

　芸術はすべて技術的側面と情感的側面を持っている。技術的側面の問題点を克服できない歌手は，情感的側面においても完璧の域に達することはできない．たとえ天才でも不可能である。

第1部
声をよくするための初級および中級の練習

発声

　口は自然に開き，そのままにして，ゆっくりと息を吸う；次に，イタリー語の広い母音Aで、しっかりしたアーティキュレーション（声門のストローク）を使って，力を抜くだけでなく，ふらつかないようによく注意してアタックする。

訳注：日本語のアよりも口を大きく開き，はっきり「ア」と発音する（小学館「伊和中辞典」より）。

半音のスラー

全音のスラー

ポルタメント

ポルタメント

音階

　自然状態の声は、一般的に粗く、不揃いで、低く、声域が狭い。各音のアタックで正確なイントネーションを習得したら、次は音量、声の強さ、声域をのばし、そして声区を融合させなければならない。最初は完全な音階を歌おうとしないで、2音、3音、4音などの練習から始める。そうしないと、いかなるパッセージもうまく歌うことができなくなるおそれがある。

　すべての音階は声全体を半音ずつ上あるいは下に移調し、声域を超えないように注意しなければならない；半音のイントネーションを正しくするだけでなく、音の長さと強さが完全に均等になるように歌わなければならない。下行音階で音程が狂うのは、半音を広くとりすぎるからである。

すべての音階と練習曲はフル・ヴォイスで，無理なく歌わなければならない。声を抑えて（メッザ・ヴォーチェ）練習すると，声門の張力が強化されず，声そのものにも必要な力がつかない。一度に15分以上練習してはならない。充分上達したら練習時間をのばすが，先生と相談して決める。

音階と練習はすべて声に最も合った調に移調する。

注意：音階と練習曲はすべて声に最もよく合った調に移調する。

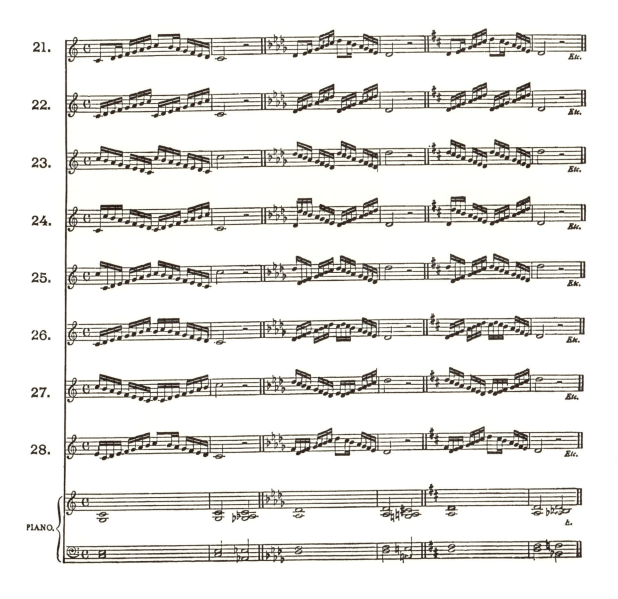

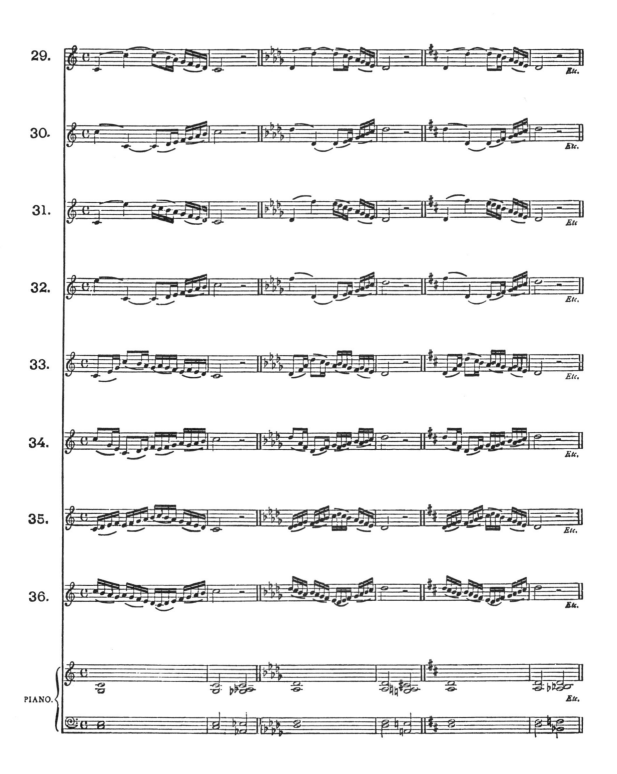

声区の融合のための練習
半音の3度

どの音階と練習が生徒の能力と声に最も合っているかは先生が決める。

すべての音階は，最初は各小節の後で息をとってゆっくり歌わなければならない。そうすれば，声はだんだんよくなり，むらがなくなる。どの小節でも最初の音符の後で息をとめ，残りの拍の間で息をとる。それから，後続の小節の冒頭で，やめた音符から歌い始めるのが正しい呼吸法である（下記の練習例参照）。
更に上達したら，速度を増し，2小節以上を一息で歌ってもよい。

32

36

第60番から第67番までの音階は，特にライト・ソプラノ用であるが，声にある程度柔軟性がつくまで歌ってはいけない。

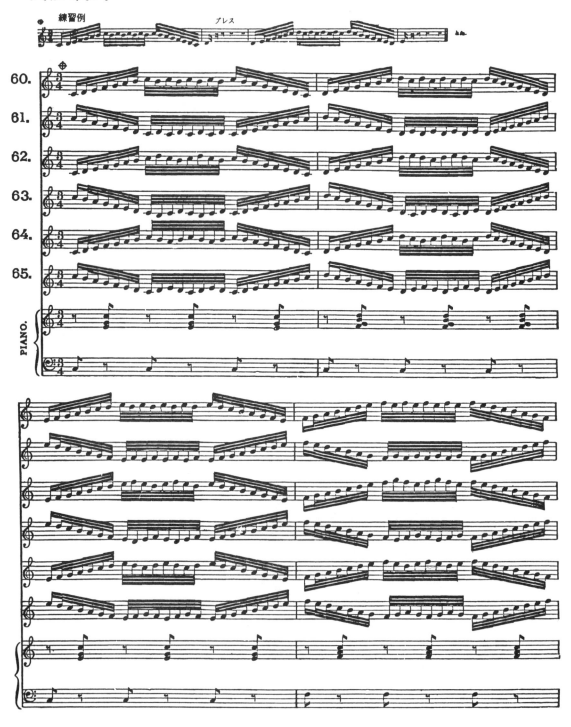

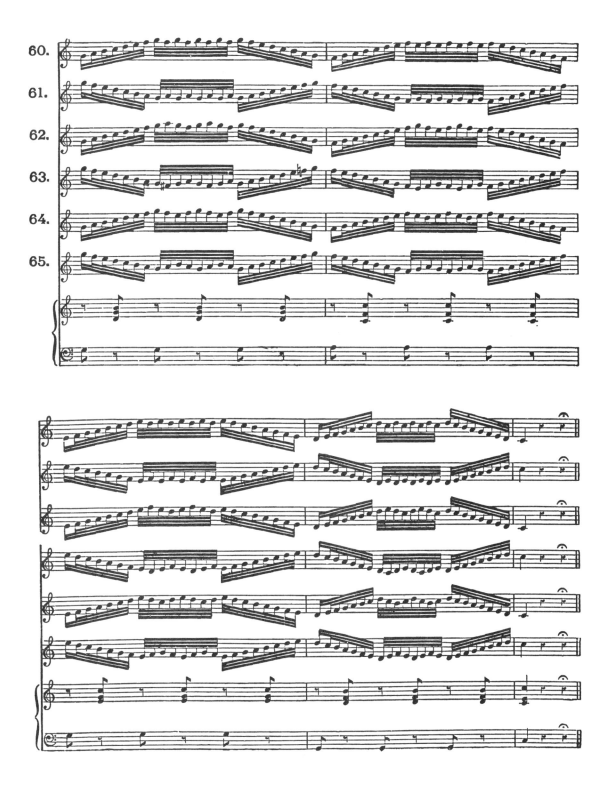

2音，3音，4音，6音，8音の練習は，声区を融合し，柔軟性を増し，イントネーションを正確にするために役立つ。音階と同様に，この練習曲は最初はゆっくり歌い，時々息をとる。声に合わせて半音ずつ上あるいは下に移調する。音階の場合と同様に，上達したら速さを増し，あまり度々息をとらなくするとよくなる。

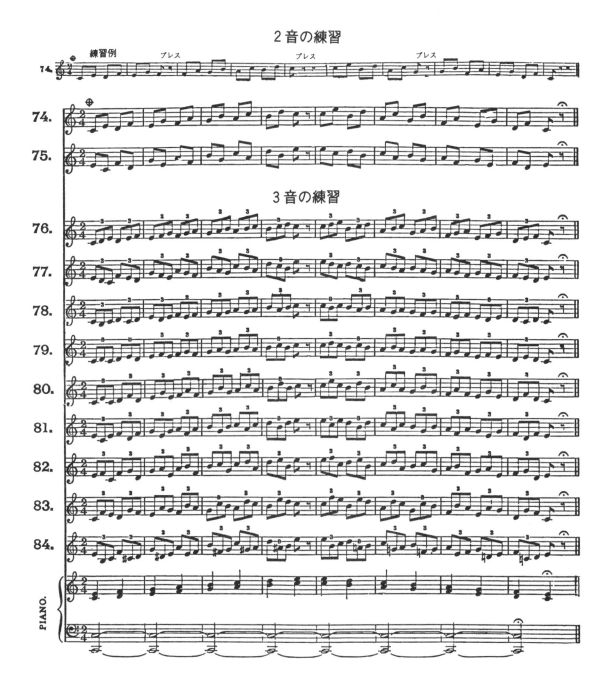

4音の練習

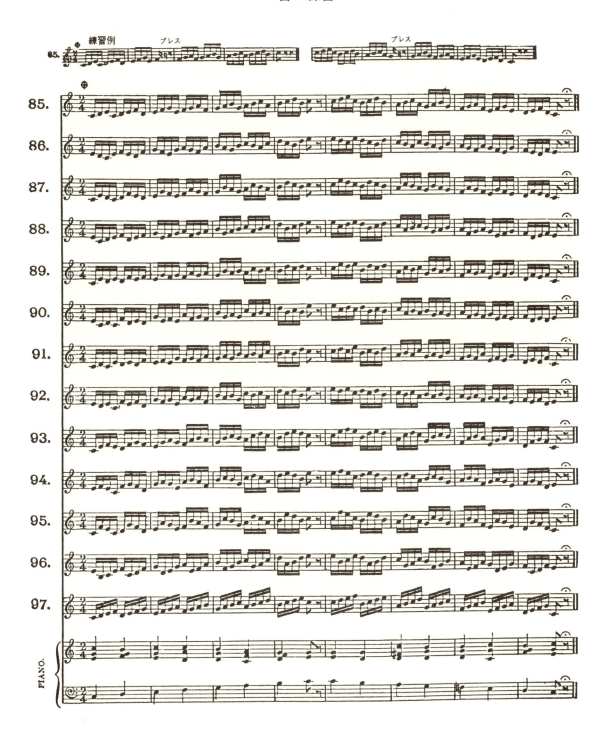

6音の練習

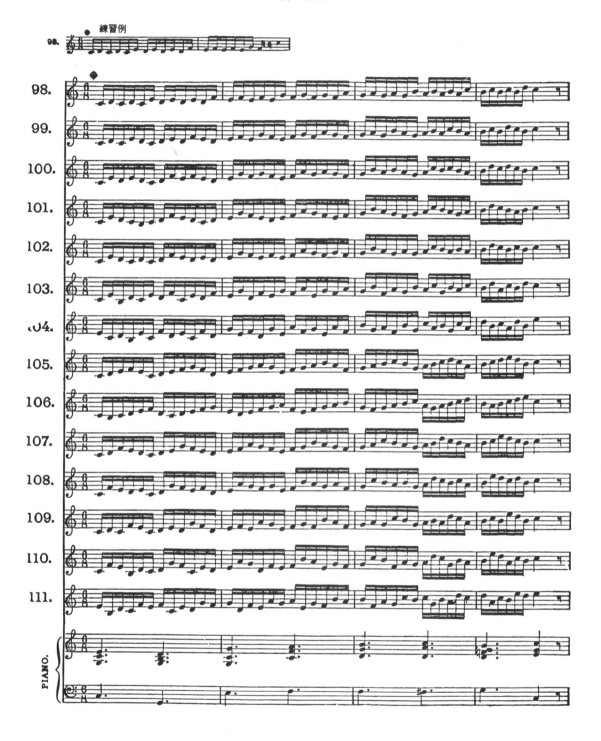

練習例

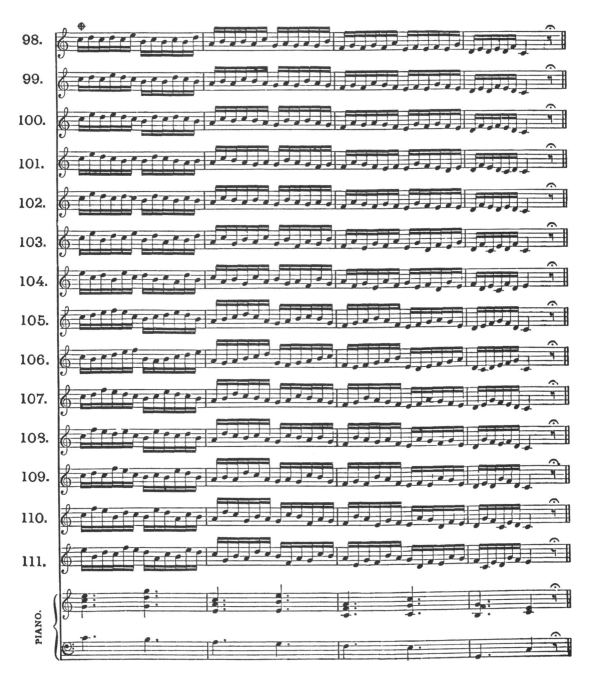

8音の練習

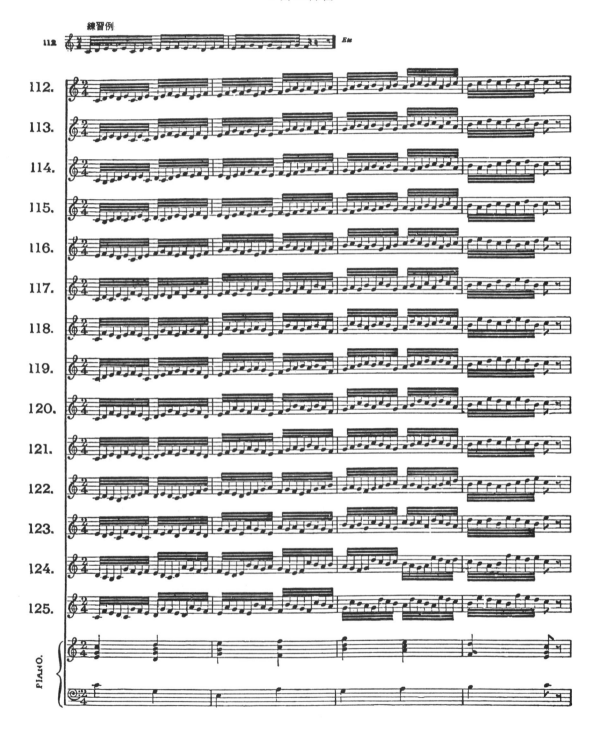

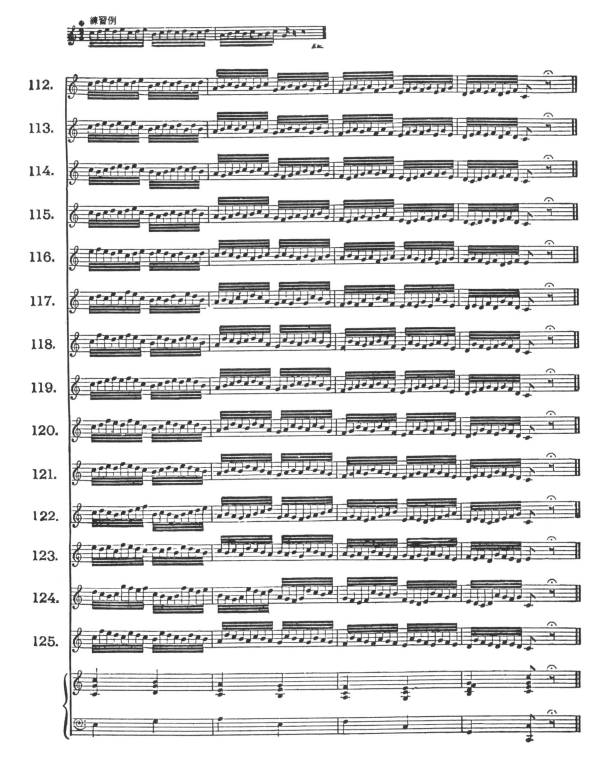

半音階

　まず生徒が半音階を歌う時にはまずピアノにあわせ，音程が完全に正しいかどうか確かめる。これらの音階は，前出の音階と同様に半音ずつ移調し，初めはゆっくり練習する。

短音階

この音階も他の音階と同じように移調しなければならない。

柔軟性をつけるための練習

この練習は一息で歌うが，そのように歌うことができるまでやってはならない。これも他の練習と同じように移調する。

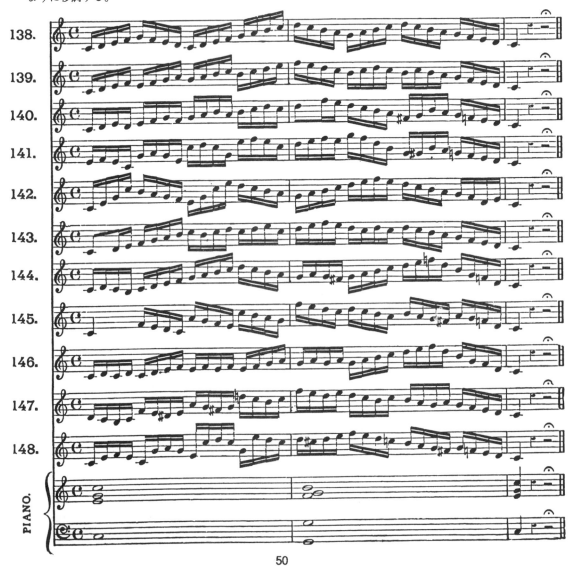

いろいろな音階

　音階を速く楽に歌えるようになったら,いろいろな方法で練習する：アクセントをつけて,付点音符で；スタッカートで；スラーで(レガートで)；スラーとスタッカートで；スタッカートとスラーで；メッゾ・スタッカートで；シンコペーションで；クレッシェンドとディミヌエンドで；フォルテとピアノで。こういう練習法は特に軽い声のために用いられる。スタッカートの音符は迅速に,歯切れよくアタックして作る；一度にあまり長く練習してはならない。アタックを絶えず繰り返すと声が疲れるからである。
　メッゾ・スタッカートは,長めのスタッカートである。
　アクセントのついた音階は,柔軟性をのばすのに最適である。

反復音

　この練習では、反復音はすこし帯気音をつかって（ハッハッと）発音しなければならない。反復音を明瞭にするためである；しかし、この帯気音は音階や他の練習曲で使ってはならない。

3連音

　3連音を練習する時には、不均等にならないようにまん中の音にアクセントをつける；最初の音が付点音符になるのが一般的傾向である。

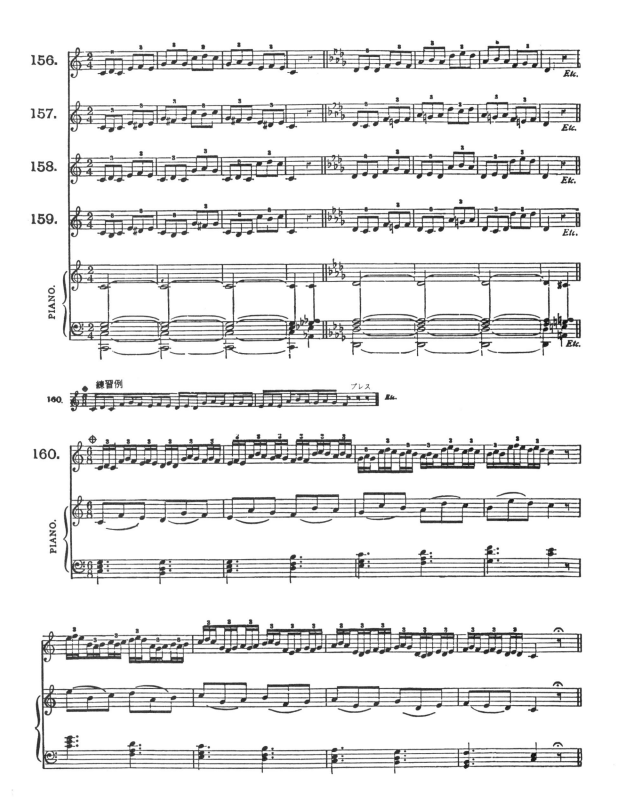

No.161, No.162: ⊕=ブレス

アルペッジョ

アルペッジョはむらなく歌い，特に高い方の音に力を入れないようにする。
音を切らずに軽くつなげて正確に音から音へ移るよう心掛ける。

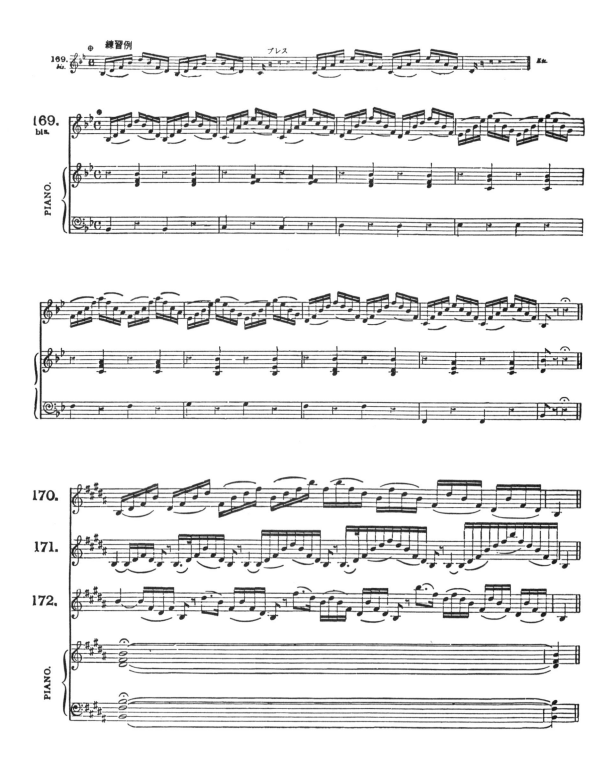

メッサ・ディ・ヴォーチェ

メッサ・ディ・ヴォーチェは、声にある程度余裕と柔軟性が出てくるまで練習してはならない。初心者は決してやってはならない。

アッポッジャトゥーラ

　アッポッジャトゥーラはすべての声楽の装飾の中で最も易しいものである。イタリー語の意味から分かるように，和声の構成音によりかかる音である。アッポッジャトゥーラは非和声音であるのが普通である；和音を構成する音の上でも下でもよく，その長さも様々である。

　2拍子ではアッポッジャトゥーラは主音符の音価の半分を取り，3拍子では3分の2を取る。長さは一般的にフレーズの性格による。

　アッポッジャトゥーラはいかなる音程でも半音上からである。

アッチャッカトゥーラ

　アッチャッカトゥーラは急速な小音符で，後続の2番目の長い音符より全音または半音離れている。

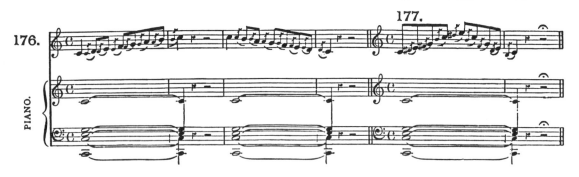

モルデント

　モルデントは旋律音に先行する2音グループまたは3音グループからなる。このグループは各音を明瞭にするために，速く演奏しなければならないが，初めはゆっくり練習する。

ターン

ターン（グルッペット）は，メロディの構成音ではない2音，3音，4音のグループである。上と下のアッポッジャトゥーラと主音とが連結したものである。

シェイク（トリル）

　シェイクは喉頭の規則的振動である。これは，2音を全音または半音はなして（長2度または短2度）迅速に交代させることである。よいシェイクを作る唯一の方法は，テンポを厳格に守って各拍に同数の音を入れて練習することである。最初はゆっくり練習しなければならないが，声に余裕が出てきたら，速さはそれにつれて増してもよい。疲れないようにするためには，女性の声は中声区のシェイクの練習から始める。以下の練習も，他の練習と同じように半音ずつ移調する。

シェイクの練習法

色々なシェイクの終り方

シェイクの音階

3度のシェイク

練習

余裕のない声のための効果的練習

第1部終わり

第2部
母音唱法形式による練習の展開

アタック

ポルタメント

ポルタメント

ポルタメント

ポルタメント

ポルタメント

ポルタメント

ソステヌート

ソステヌート

全音階

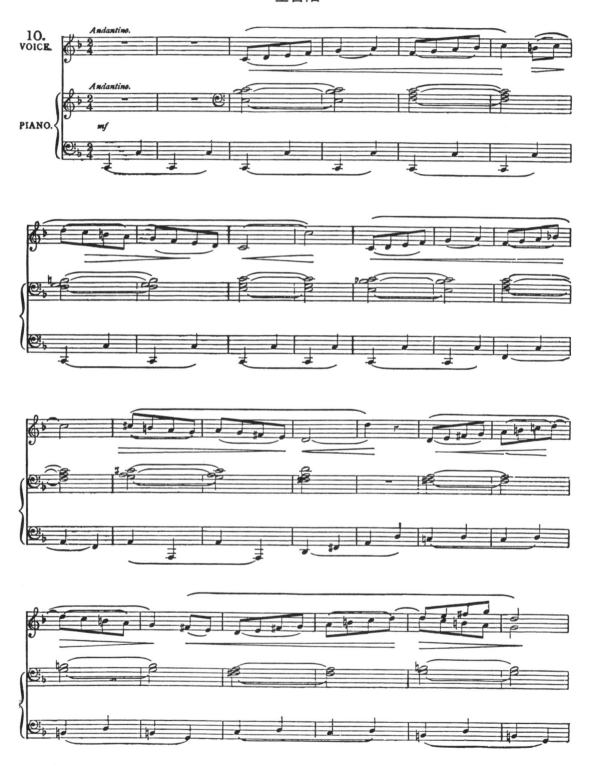

全音階

全音階

全音階

全音階

81

全音階

全音階

全音階

全音階

全音階

付点全音階

付点全音階

全音階

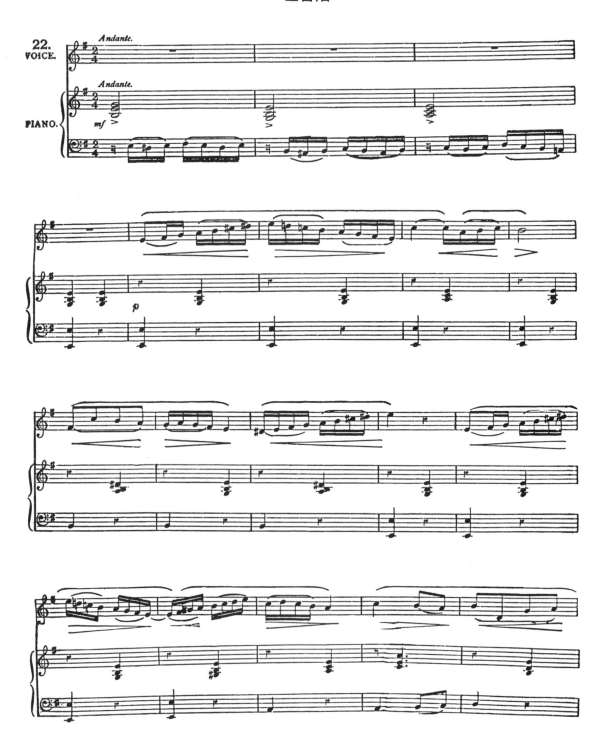

長音階と短音階の交代

長音階と短音階の交代

長音階と短音階の交代

半音階

半音階

反復音

3連音

111

アルペッジョ

アッポッジャトゥーラとアッチャッカトーラ（装飾音）

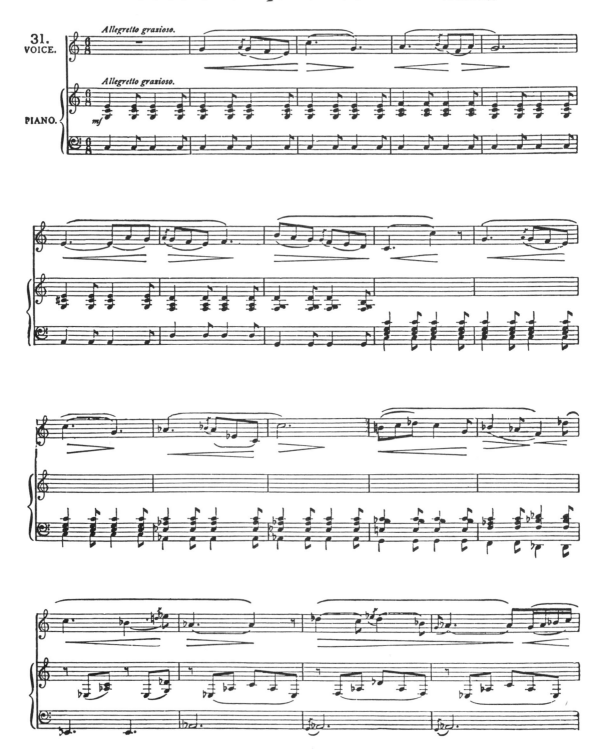

モルデントとターン

シンコペーション

長い音程

スタッカート，メッゾ、スタッカート，強調音

シェイク

123

訳者あとがき

今田理枝

　本書はMathilde Marchesi, Theoretical and Practical Vocal Method, Op. 31 (1896) の全訳である。
　マルケージはその生涯の前半を名歌手として活躍し，後半を教育者として後進の指導に捧げた。マルケージが世紀の名歌手メルバを育てたことはよく知られている。メルバの歌を聴いた時のマルケージの反応は，一般批評家の「まったく素人っぽい二流の歌手」という評価とは違っていた。「やっとスターが見つかった。私のところで一生懸命勉強すれば，一年で一流の歌手にしてあげますよ」と語ったという。芸術を見る眼，そして芸術を育てる方法が求められている今日，極めて示唆にとんだ話である。
　マルケージは1854年にヴィーン音楽院の教授の職を得たが，1861年にはその職を辞してパリに移り住んだ。世界各地からレッスンを受けに多くの生徒が集まった。1865年にケルン音楽院の教授になり，1968年に再びヴィーン音楽院に戻り，10年間教授として留まった。1878年にヴィーン音楽院を去ったが，その後も数年間生徒を教え，高い評価を得た。ロッシーニが，劇的要素も加味したイタリアン・スクールの歌唱法の典型として激賞していることは特筆すべきであろう。
　本書の翻訳にあたって監修者として懇篤な御指導を賜った金沢大学教授矢沢千宜先生，英語の細かいニュアンスを教えてくれた当地の友人に心から感謝の意を表する。

1997年11月，ニューヨークにて

訳者略歴

1979年，独協大学外国語学部ドイツ語学科入学。1985年同大学卒業（1981年～1983年，ドイツ・レーゲンスブルク大学留学）1988年，同大学院修士課程入学，1990年，修了。現在，ニューヨーク在住。

訳書

フェルディナント・ザイフト著「中世の光と影」（共訳）

マルケージ・歌唱法の理論と練習
著　者　マティルデ・マルケージ
訳　者　今田理枝
発　行　1997年11月
発行者　南谷周三郎
発行所　株式会社シンフォニア
　　　　東京都中央区日本橋蛎殻町1-30-4
　　　　TEL: 03-3669-4966 FAX: 03-3664-3170
　　　　不良品はお取り替えいたします